© 2007 Éditions MILAN
300, rue Léon-Joulin, 31101 Toulouse Cedex 9 France
Droits de traduction et de reproduction réservés pour tous
les pays. Toute reproduction, même partielle, de cet ouvrage
est interdite. Une copie ou reproduction par quelque procédé
que ce soit, photographie, microfilm, bande magnétique,
disque ou autre, constitue une contrefaçon passible
des peines prévues par la loi du 11 mars 1957
sur la protection des droits d'auteur.
Loi 49.956 du 16.07.1949
Dépôt légal : septembre 2007
ISBN : 978-2-7459-2790-3
Imprimé en France par Pollina, 85400 Luçon - n° L 44208C

LES GOÛTERS PHILO

BRIGITTE LABBÉ • P.-F. DUPONT-BEURIER

LA MÉMOIRE ET L'OUBLI

ILLUSTRATIONS DE JACQUES AZAM

MILAN
jeunesse

Au menu de ton Goûter Philo

Le matin, en ouvrant un œil...

Chaque matin, en ouvrant un œil, on ne repart pas à zéro, on n'est pas tout neuf comme le nouveau-né qui vient au monde.

On se souvient de son nom,
de la dispute d'hier soir avec son frère
et de la couleur des yeux de la nouvelle
qui est arrivée avant-hier.
On repousse la confiture d'orange
car on n'a pas oublié à quel point
elle est amère ; en voyant les guirlandes
clignoter sur la place du village,
on essaie de se souvenir des cadeaux
reçus l'année dernière ; on s'aperçoit
que l'on a oublié la poésie qu'il va
falloir réciter ce matin et aussi
le prénom de la nouvelle qui a
de si beaux yeux ; on a peur d'oublier
de donner la lettre au directeur
et d'acheter du pain au retour...

Nous sommes des souvenirs, souvenirs de chagrins, souvenirs de joies et de fiertés, de hontes, de douleurs et de colères, de plaisirs, de goûts et d'odeurs, de saveurs, souvenirs d'ennuis, de rires et de larmes... Chaque être humain est construit de souvenirs, chaque être humain est une mémoire.

Des dizaines de Lucie...

Lucie gigote dans sa poussette.

« Maman, nège, nège.

— Mais tu as déjà fait du manège hier.

— Nège, nège, Lucie nège.

— Non, il est trop tard... Demain. »

Lucie se met à hurler.

« Demain, je te promets, je t'emmène au manège. »

La maman de Lucie presse le pas.

« Et après-demain, c'est dimanche, j'aurai tout mon temps, tu feras 3 tours. »

Lucie a compris : pas de manège. Le reste – tu en as fait hier, tu en feras demain, 3 tours après-demain –, elle n'y comprend rien. Pour elle, une seule chose existe : maintenant. Le temps qui est passé et le temps qui va venir, elle ne peut pas s'en faire une idée.

Il faut du temps à l'être humain pour savoir qu'il vit dans le temps qui passe.

Le soir, à table, Papa demande qui veut encore des pâtes.
« Moi, je veux bien, répond Clémence, la grande sœur de Lucie.
– Lucie veut, Lucie veut », dit Lucie en essayant de se lever dans sa chaise haute.

Lucie ne peut pas répondre « moi ». Elle ne peut pas commencer sa phrase par « je ». Elle dit : « *Lucie veut des pâtes.* » Elle dit aussi : « *Lucie aime Clémence, Lucie a bobo, Lucie pipi…* » Comme tous les enfants de son âge, elle parle d'elle en parlant de quelqu'un d'autre, comme s'il existait Lucie qui a faim, puis Lucie qui aime, puis Lucie qui a mal, puis une autre qui a envie d'aller sur le pot…

Il faut presque 3 ans, à nous tous, êtres humains, pour nous rendre compte que ces sensations et ces émotions arrivent à une même et unique personne, pour ne pas s'oublier soi-même, pour avoir la mémoire de soi-même.

Aujourd'hui, je suis grand. Je sais qu'hier j'étais moi, qu'aujourd'hui je suis toujours moi, et que demain je serai encore moi.

Qui es-tu ?

Pour répondre à cette question, on commencerait certainement par dire son nom.
Manuela Maniola.
Et peut-être donner son âge.
J'ai 20 ans.

Et dire ce que l'on fait.
Je suis étudiante.
Et où on habite…
J'habite Lille…
… et où on est né.
… mais je suis née en Espagne. Mes parents

sont venus en France quand j'avais 3 ans, pour leur travail, ce n'était pas facile car ils ne parlaient pas bien le français, mais moi, j'ai commencé l'école maternelle en France, c'est pour ça que je n'ai pas d'accent, j'ai visité l'Espagne, j'ai adoré l'Andalousie…

C'est pour tout le monde pareil : quand on veut parler de soi, on commence par parler de son passé, par raconter ses souvenirs.

 ## Les corbeaux noirs

- Un corbeau. Deux corbeaux. Trois corbeaux.
- Ils sont maintenant une dizaine
- sur la branche du grand marronnier,

au milieu de la cour de récréation.
Noé donne un coup de coude à Paul.
« Regarde », chuchote-t-il pour
que le professeur n'entende pas.
Paul regarde par la fenêtre. Les autres
branches du marronnier, elles aussi,
se couvrent de corbeaux noirs.
Il les compte : 33.

De leur place, Noé et Paul voient exactement la
même chose : 33 corbeaux sur un marronnier.

Noé commence à transpirer, il se sent
mal, il a peur que ces oiseaux entrent
dans la salle de classe et l'attaquent
avec leurs becs pointus.

Noé se souvient de ce jour
où, au bac à sable, un
oiseau a fait exploser
avec son bec le ballon
d'une petite fille, il se
souvient des hurlements
de la mère et de sa fille,

il se souvient aussi de ce film qui lui a fait très peur, des milliers d'oiseaux attaquaient toute une ville…

Paul continue à compter les corbeaux, ça l'amuse.

Le présent est le même pour ceux qui sont côte à côte. Mais le présent est toujours rempli de passé, un passé différent pour chacun.

Lumière, eau, brochettes, moustiques…

Lucien, Gila, Évelyne et Pascal sont partis ensemble en vacances pendant un mois, ils avaient loué une petite maison dans les Landes. Lucien se souvient surtout de la lumière, une lumière blanche et mordante le matin, douce et caressante le soir ; Gila se souvient de la température de l'eau, idéale,

et aussi de la gentillesse des maîtres
nageurs ; Évelyne se souvient du petit
restaurant sur la plage, surtout des
brochettes grillées et des babas au rhum ;
Pascal se souvient des moustiques,
des vers de sable, des méduses
et de la demi-journée de pluie...

En écoutant chacun raconter ses souvenirs,
on se fait tous une petite idée sur la person-
nalité de Lucien, de Gila, d'Évelyne et de
Pascal.

Les souvenirs racontent toujours une histoire, une histoire sur soi. Raconte-moi tes
souvenirs… et je te dirai qui tu es !

Clic, clic, clic, trouvé

« Tu te souviens de la première lettre
d'amour que tu m'as écrite ? demande
Rosette à François.

— Pas très bien, pourquoi ?

— Dommage, je l'ai perdue.

— Mais je l'avais tapée, elle est
dans mon ordinateur, je vais
la chercher si ça te fait plaisir. »

François allume son ordinateur.

Il clique sur « Démarrer ».

Puis « Poste de travail ».

Puis sur « Mes documents ».

Puis sur « Correspondance ».

« Tu as trouvé ? demande Rosette.

— Non, pas encore, mais ne t'inquiète
pas, je suis sûr qu'elle est quelque
part. »

François clique sur « Dossier
d'amour ». Puis sur « Lettres
à Rosette ». Et enfin sur :
« Première lettre à Rosette ».

« Je l'imprime ? »

Dans la mémoire d'un ordinateur, il suffit de cliquer, de prendre le bon chemin, et on trouve à tous les coups.

« Et tu te souviens de notre premier baiser ?

— Euh... oui.

— Eh bien, raconte », demande Rosette.

François bafouille. Vite, il faut qu'il trouve.

Dans la mémoire humaine, pas de certitude de trouver.

François cherche, mais zut et zut,
il n'a aucun souvenir.
« Attends, ça va revenir »,
dit François au bord de la panique
en voyant la tête de Rosette.

Dans la mémoire humaine, pas de chemin à suivre, pas de clic, clic, clic, trouvé.

François fait des efforts. Mais rien
à faire, il ne s'en souvient pas.

Dans la mémoire humaine, la volonté n'y peut rien.

« Sois sympa, donne-moi un indice »,
supplie François alors que Rosette va
se faire couler un bain.
Soudain, il hurle :
« Sur le lac d'Annecy.
Tu es tombée dans l'eau.
Je t'ai aidée à remonter,
et je t'ai embrassée,
et la barque
était verte... »

Comment le souvenir a-t-il subitement jailli de sa mémoire ? Pourquoi François a-t-il eu tant de mal à se souvenir ? Et comment se fait-il qu'il se souvienne de la couleur de la barque, dont on se fiche complètement, alors qu'il est incapable de se souvenir de la couleur du maillot de bain de Rosette ?

Bizarre... On veut se souvenir et on oublie ; on veut oublier et on se souvient ; on ne veut rien et le souvenir revient ; on croit que l'on a oublié et non, on se souvient.

C'est étrange : on ne choisit pas ses souvenirs, on ne choisit pas ses oublis.

Les souvenirs de Rosette

Rosette n'en croit pas ses oreilles. Oui, c'était bien sur un lac, mais certainement pas celui d'Annecy, et ils étaient en pédalo, absolument pas en barque, et elle n'est pas du tout tombée dans l'eau, elle a plongé pour repêcher ses lunettes de soleil. D'ailleurs, elle les a retrouvées...

Bizarre... François et Rosette n'ont pas exactement les mêmes souvenirs ! Et pourtant, pas de doute, ils parlent bien du même moment de leur passé, ce sont bien eux les amoureux qui se sont embrassés pour la première fois sur un lac...

Qui ment ?

- Alors finalement,
- qui ment ? François
- ou Rosette ?

Ni l'un, ni l'autre.

Comment ça ? Ce n'est pas possible : ils étaient soit en barque, soit en pédalo ; Rosette est tombée dans l'eau ou elle a plongé. Un des deux ment forcément !

Eh bien, non. Un des deux se trompe mais aucun ne ment.

Le cerveau n'est pas équipé d'un caméscope qui fixe tout dans la mémoire, une fois pour toutes. Un souvenir n'est jamais la copie parfaite d'un événement. François a le souvenir de lui en héros qui sauve sa princesse de la noyade et pas en touriste sur un pédalo. Rosette se souvient d'elle en plongeuse sportive et pas en godiche qui tombe à l'eau…

Les souvenirs sont souvent comme les contes et les légendes, ni complètement vrais, ni complètement faux. On dirait que la mémoire travaille en secret, qu'elle transforme les événements, qu'elle invente, déplace, cache, trie, sélectionne… sans que l'on sache comment.

La mémoire travaille

- Je m'en souviens très bien,
- c'était pendant la canicule.
- Attends, je vais retrouver…
- C'était le jour de la rentrée en CM1.
- Oui, bien sûr, c'était le soir de la finale
- de la coupe du monde.
- Je vais retrouver… C'était le jour
- de la naissance de la petite sœur d'Alex.
- Je crois que cela s'est passé après
- le déménagement d'Adrien, ou peut-
- être juste avant le deuxième tour
- de l'élection présidentielle.

Souvent, pour se souvenir, on se sert de dates et d'événements marquants. Parce que les souvenirs ne s'entassent pas bêtement les uns par-dessus les autres, ils ne s'empilent pas

dans la mémoire humaine comme des documents dans la mémoire d'un ordinateur ou des billes au fond d'un sac. Les souvenirs se glissent dans des calendriers, le calendrier de notre vie ou celui du monde, les souvenirs se rangent tout seuls entre une rentrée scolaire et une élection présidentielle, entre un déménagement et un match de football…

Sur le bout de la langue

- J'ai oublié le nom de cet acteur,
- tu sais, il joue le pirate, oh zut, je l'ai
- sur le bout de la langue, ça commence
- par un J, non un Z, oui, za, za, non,
- Jé, jé, oui, oui, je brûle, oui voilà,
- voilà, voilà, trouvé, Jeremy Darson !
- Non. Pas du tout. Rien à voir.

C'est énervant, je le tenais ce fichu
nom, et pschitt, envolé. Aaaah,
ça y est, je l'ai, Michael Parisson,
oui c'est Michael Parisson !

Quand on cherche un nom, on a cette impression bizarre de ne rien pouvoir faire, sinon attendre. D'ailleurs, souvent on dit : « *N'y pense plus, ça viendra tout seul.* » On croit que tout est oublié, puis soudain, on tient une piste, un indice, on brûle, et puis tout est à nouveau vide. Et brusquement des noms apparaissent. Pourquoi ces noms-là et pas d'autres ? On ne sait pas. Lequel est le bon ? La mémoire travaille encore, elle est capable de faire le tri entre tous les noms qui surgissent, et de reconnaître le bon.

Mais où est donc Ornicar ?

Chacun fait sa petite cuisine pour aider sa mémoire à mieux travailler : on écrit des fiches, on divise des textes en paragraphes, on fait un plan avec des parties et des sous-parties, on souligne – les titres en rouge et les sous-titres en vert –, on essaie de comprendre comment tout s'enchaîne…

On invente des trucs et des astuces pour ne pas oublier un code d'immeuble, une règle de grammaire, une date ou l'orthographe d'un mot… Difficile de se souvenir des conjonctions de coordination *or*, *car*, *mais*, *ou*, *donc*, *ni*, *et*. Mais la mémoire n'a aucun mal à les retrouver si on les organise en une phrase qui veut dire quelque chose : « *Mais où est donc Ornicar ?* »

Encore et encore et encore

« Redis-moi comment on dit merci.
— Thank you.
— Thank you. Thank you. Thank you.
Thank you. »
Laurent répète et répète et répète.

Courage, Laurent ! À force, tu sauras dire merci en anglais avec le bon accent, et sans y réfléchir.

« Plie les genoux, regarde la balle, enroule ton bras après la frappe... » Laurent tape et retape et retape.

Courage, Laurent ! À force, tu renverras la balle sans penser à tes genoux, ni à tes bras, ni à rien.

Quand il avait 4 ans, Laurent devait se concentrer pour lacer ses chaussures. Aujourd'hui, ses mains bougent toutes seules car ce mouvement, elles l'ont fait des centaines et des centaines de fois. Nous avons aussi une mémoire construite à force de répétitions, une mémoire-habitude bien pratique pour faire des choses sans y réfléchir.

Pour marcher...

Hop, hop hop, sans réfléchir !

N'oublie pas d'acheter le pain !

Mattéo pose son cartable et repart : il a complètement oublié d'acheter le pain. « Quel idiot ! Et ce matin, Maman me l'a répété au moins 3 fois. »

Mattéo avait une bonne raison d'oublier le pain : sur le chemin du retour, il ne pensait qu'à Hélène, la nouvelle qui a de si beaux yeux… Et franchement, quel rapport entre Hélène et le pain ?

T'as ramené le pain ?

Zut.

Imaginons autre chose :
Ce midi à la cantine, il y avait du poisson bouilli et des endives cuites à l'eau. Mattéo n'a rien mangé, il sort de l'école affamé.

Mattéo a une bonne raison de se souvenir du pain : sur le chemin du retour, son estomac n'arrête pas de gargouiller. Alors forcément, le souvenir de sa mère en train de lui demander d'acheter le pain peut facilement revenir : le souvenir s'accroche au moment présent, il s'accroche aux sons des gargouillements de son estomac, à sa sensation de faim.

Imaginons encore autre chose :

Mattéo s'est arrangé pour sortir de l'école en même temps qu'Hélène, ils discutent, Hélène lui raconte que ses parents sont boulangers, et qu'ils ont racheté la boulangerie du centre, voilà pourquoi elle vient d'arriver dans le quartier.

Alors là, aucun doute : Mattéo va se souvenir qu'il doit acheter le pain. Et on peut parier qu'il va aller à la boulangerie du centre… On comprend bien que son souvenir n'a aucun mal à trouver quelque chose, dans le présent, à quoi s'accrocher !

Du chocolat râpé
sur une tartine beurrée

En rentrant de la boulangerie, Mattéo croise Armand et lui propose de venir goûter.

« Je vais te faire des tartines à ma façon », annonce Mattéo en attrapant les tartines qui sautent du grille-pain. Il étale le beurre puis râpe du chocolat. Armand regarde les petits copeaux de chocolat au lait tomber sur le beurre et fondre doucement sur le pain chaud.

« Mais qu'est-ce que tu as ? » demande Mattéo en tendant une assiette à Armand.

Mattéo est surpris : Armand pleure. Armand lui aussi est surpris : cela faisait longtemps qu'il n'avait pas pensé à sa grand-mère. Et là, boum : tout est revenu d'un coup. Il s'est vu grimper aux oliviers dans le jardin de ses grands-parents, se jeter du haut de la balançoire dans les bottes de foin, admirer son grand-père faire des ronds avec la fumée de sa pipe, courir en entendant Grand-mère crier que le goûter est prêt. Et s'asseoir à la table de la cuisine. Et regarder Grand-Mère râper le chocolat au lait au-dessus des grandes tartines beurrées.

Les souvenirs s'accrochent à une odeur de bois mouillé, à des accords de guitare, à un visage, à une petite fleur séchée retrouvée entre deux pages d'un livre… Et c'est ainsi que la vie est remplie de rendez-vous entre notre passé et notre présent, des rendez-vous qui s'organisent à l'improviste, sans prévenir.

De Armand vers... Armand

- Copeaux de chocolat
- au lait... oliviers...
- balançoire... bottes
- de foin... ronds
- de fumée...

Armand croque dans le pain,

- table de la cuisine... jeux de cache-cache...
- batailles d'eau... grenier...

et se laisse doucement bercer par sa mémoire,

- coffre à déguisements... cape de Zorro...
- vol de bonbons... nuit blanche...

de souvenir…

- dentier de Grand-Père dans la soupière...
- fou rire avec les cousins...

en souvenir.

« On sort jouer au foot ou on fait
d'abord les devoirs ? demande Mattéo
en terminant son jus de fruit.

— On sort. »

Armand est revenu d'un étrange voyage :
un voyage vers lui-même.

Cette mémoire, celle qui s'éveille au son d'une
musique, à l'odeur d'une crème, au toucher
d'un vieux doudou, au goût d'un gâteau,
à la vue d'un jouet de bébé, cette mémoire-là
nous prend tout entier et nous plonge dans
les saveurs du passé. Cette mémoire-là nous
parle de nous, vraiment de nous.

C'était mieux avant

À Noël, Héloïse est triste, elle se souvient
des cris de joie de ses enfants quand
ils étaient petits, de l'excitation
au moment d'ouvrir les cadeaux.
En février, Héloïse est triste, c'était
l'époque des crêpes et ils invitaient
des amis à la maison. En septembre,

- Héloïse est triste, elle se souvient
- de la rentrée des classes, elle aimait
- recouvrir leurs livres et acheter
- les fournitures...

Pas la peine de continuer, on a compris : Héloïse est emprisonnée dans son passé. Elle rumine, elle s'enfonce dans sa mémoire comme dans une couette douce et moelleuse. Tellement douce, tellement moelleuse qu'elle ne peut plus en sortir.

La mémoire peut être un piège, un piège que l'on tend soi-même à soi-même.

Suppression

- Peter prend la main de Clotilde.
- Clotilde se raidit. Fabien, lui aussi,
- a pris sa main au cinéma.
- Après le cinéma, Peter propose
- à Clotilde d'aller au café de la rue
- des Cygnes. Clotilde hésite. Elle est
- allée là avec Fabien. Peter commande
- une menthe à l'eau. Le vert !
- La couleur préférée de Fabien,
- pense aussitôt Clotilde...

Si on se souvenait de tout, d'absolument tout, comme si tout était arrivé hier, la vie serait un enfer : chaque détail du présent nous ferait bondir dans le passé. Clotilde en a assez, elle aimerait appuyer sur une touche « Suppression » et chasser Fabien de sa mémoire.

- Une histoire d'amour qui s'est mal terminée, la trahison d'un très bon ami, une chute en vélo, la boum ratée que l'on a organisée, le rire d'une sœur qui se moque d'un nez trop long...

Certains souvenirs pèsent lourd, parfois tellement lourd qu'ils empêchent de bouger, de courir, de rire, d'être heureux, de croire à l'amour, d'accorder sa confiance à un ami, de remonter sur un vélo, d'organiser une fête, de s'aimer soi-même…

Comme ce serait bien de pouvoir se dire : « *Ça, ça et ça, je l'oublie ; ça, ça et ça, je m'en souviens !* » Mais c'est impossible : on ne peut pas décider d'effacer des souvenirs, on ne peut pas décider d'oublier.

Construire son passé

Construire son passé ? Quelle expression bizarre ! On comprend que l'on peut construire son présent et son avenir, puisque rien n'est décidé,

que tout est possible. Mais son passé ?
Comment construire quelque chose qui est
terminé ? Comment construire alors que
tout est fini ?

- Juin 1961 : Adrien rate son bac.
- Catastrophe.
- Septembre 1961 : Adrien a honte
  de se retrouver avec ceux qui étaient
  en première l'année dernière.
- Octobre 1961 : Adrien se sent bon à rien.
- Janvier 1962 : ça va mieux, les notes
  sont excellentes, Adrien se dit que
  ce n'était qu'un accident de parcours.

Adrien donne des significations différentes au
même événement. Rater son bac est d'abord
une catastrophe ; puis une honte ; puis
le signe qu'il n'est bon à rien ; et enfin
un accident sans gravité.

- Mars 1962 : Adrien rencontre Diane
  dans la cour du lycée. Coup de foudre.
- Mariage en avril 1969. Bébé en juin 1972...

● 2007, Adrien raconte à ses petits-
● enfants : « J'ai eu une grande chance
● dans ma vie : j'ai raté mon bac... »

Imaginons que Diane le quitte : rater son bac redeviendra peut-être une catastrophe. Et puis, en regardant ses enfants et ses petits-enfants, cela redeviendra un événement heureux…
À chaque instant de sa vie, Adrien peut décider de ce que ses souvenirs veulent dire, pour lui.
Ce que le passé veut dire, la signification du passé, n'est pas fixé une fois pour toutes. Chaque jour, on peut changer ce que son passé veut dire ; chaque jour, on peut construire la signification de son passé.

Une histoire de peignoir

De temps en temps, une histoire très désagréable surgit de la mémoire d'Iris, une histoire passée depuis longtemps, mais une histoire qui est toujours là dans sa vie d'aujourd'hui.

Cristelle, une amie, avait d'énormes complexes, et tout le monde savait qu'elle tremblait à l'idée de se montrer en maillot de bain devant la classe. Elle se cachait toujours dans un grand peignoir jusqu'au moment d'entrer dans l'eau. Ce jour-là, Iris a caché le peignoir.

HA! HA! HA!
Je suis le peignoir vengeur!
HA! HA! HA!

Cristelle a marché jusqu'au bassin les bras croisés sur le ventre, la tête baissée, les genoux rentrés, le menton tremblant et les larmes aux yeux.

Quelquefois, ce souvenir empêche Iris de s'endormir. Elle voit la tête de Cristelle et sa démarche, elle a des remords, elle s'en veut, elle se demande comment elle a été capable d'être aussi cruelle. Et même si Cristelle lui pardonnait, elle se sentirait toujours coupable. Certains souvenirs sont là, très présents, comme si le passé se répétait, encore et encore, comme si l'événement passé s'allongeait dans le temps pour rester présent, actuel.

Iris de la piscine, Iris d'aujourd'hui

Un jour, on ne sait pas trop comment,
ni où, peut-être était-ce un rêve,
peut-être que non, mais Iris de la piscine
et Iris du présent ont réussi
à se rencontrer.
« J'en ai assez d'être harcelée par
cette histoire, s'est plainte Iris du présent.
— Harcelée ? Mais de quoi parles-tu ?
a répondu Iris de la piscine. On a ri
comme des fous, et Xavier et Justin
ont adoré cette farce !

— Eh bien, franchement, je ne trouve pas ça drôle du tout, s'est indignée Iris du présent.

— Et ton humour, il est passé où ?

— Cet humour-là, je le déteste », a affirmé Iris du présent.

Iris de la piscine ne savait plus quoi dire. Elle se sentait comme un fantôme exposé en pleine lumière... elle sentait qu'elle allait bientôt disparaître...

On ne peut pas changer les événements du passé, c'est fait, c'est fait. Le seul endroit où l'on peut agir, c'est le présent.

Si aujourd'hui, maintenant, Iris décide que ce genre d'humour ne lui va plus, si elle décide vraiment d'être plus délicate et attentive, alors son souvenir va rester à sa place : dans le passé. Il ne pourra plus s'accrocher à son présent, il arrêtera de venir la mordre et la remordre. On n'est pas condamné à transporter son passé

partout avec soi. On peut agir dans le présent pour que certains souvenirs n'aient plus rien à y faire.

Une mémoire partagée

Les militaires défilent sur les Champs-Élysées et saluent le président de la République française. La foule s'amasse, on admire les avions passer au-dessus de l'Arc de triomphe... Ce soir, on ira danser et Paris sera illuminée.

SOUVENIRS

Toutes ces festivités en mémoire du 14 juillet 1789 : ce matin-là, le peuple de Paris a pris les armes et s'est dirigé vers une vieille forteresse royale, la Bastille. Après une fusillade, les quelques prisonniers qui y étaient enfermés ont été délivrés.

Aujourd'hui, sur les Champs-Élysées, on n'assiste pas à une leçon d'histoire. D'ailleurs, les historiens ne seraient pas tous d'accord pour dire que cette date est si importante que cela. Aujourd'hui, sur les Champs-Élysées et partout en France, on décide de se souvenir de la Révolution française, de la fin de la monarchie, de la prise du pouvoir par le peuple, de la naissance de la démocratie… Chaque pays a ses dates de fête nationale, d'événements à célébrer, chaque pays, chaque ville, chaque village construit des monuments pour que la population partage les mêmes souvenirs. Pour que chacun se sente relié aux autres, par une même histoire.

Se souvenir de…

En se souvenant…
des camps d'extermination,
des génocides, des goulags, de la traite
des esclaves, des guerres, des massacres,
de tous les crimes contre l'humanité…,
on se souvient de quoi les hommes
et les femmes sont capables.

On ne se souvient ni pour se lamenter, ni pour se détester. On se souvient pour essayer de comprendre, pour essayer de ne pas recommencer. On voudrait que la mémoire aide à rester sur ses gardes, on voudrait que la mémoire aide à éviter l'horreur.

Mille et une vies...

En se souvenant de… *Socrate, Émile Zola, Shakespeare, Gutenberg, Alexandra David-Néel, Christophe Colomb, Cléopâtre, Beethoven, Marie Curie, Gandhi, Pasteur, Alexandre le Grand, Isadora Duncan, Sitting Bull, Galilée, Saint-Exupéry, Oum Kalsoum, Bouddha, Champollion, Mozart, Martin Luther King, Maria Callas, Einstein, Jules Verne, Dian Fossey, Confucius, Henri Dunant, Avicenne, Jean Moulin, Copernic, Margaret Mead, Matisse, Darwin, Louise Michel…*, on se souvient de quoi les hommes et les femmes sont capables. On se souvient de ce que l'être humain peut faire avec les mots, les pensées, les idées, avec ses souffrances et ses révoltes, avec ses rêves et ses désirs.

Des **fleurs** pour **Baudelaire**

Samy achète un bouquet
de fleurs et entre
dans le cimetière.
Il vient ici de temps
en temps fleurir la tombe
de Charles Baudelaire.
« Papa, tu le connais ce monsieur ? »
lui demande son fils qui l'accompagne
aujourd'hui. Samy sourit. Il n'a jamais ren-
contré Baudelaire et il ne le rencontrera
jamais : Baudelaire est mort
il y a un siècle et demi.
« Non, mais je connais ses poèmes
et je les aime beaucoup. »

Samy vient remercier Baudelaire pour tout le plaisir, le bonheur et parfois aussi tout le réconfort que ses poèmes lui apportent.
L'esprit humain peut s'étendre à l'infini dans la mémoire du monde, l'esprit de Samy accueille Baudelaire, il navigue aussi de Picasso à Charlemagne, s'étire des hommes

préhistoriques aux spationautes en passant par les chevaliers de la Table ronde, sans oublier les Beatles et les aventures de Bilbo le hobbit… Chaque jour, toute la mémoire du monde s'offre à chacun d'entre nous.

Un réservoir de bonheur

Cueillir avec délicatesse les moments de bonheur… cultiver avec attention les histoires d'amitié et d'amour… trouver des lumières dans la mémoire du monde… se construire des beaux souvenirs. Pour faire de sa mémoire un réservoir de bonheur.

Brigitte Labbé est écrivain. Pierre-François Dupont-Beurier est professeur agrégé de philosophie. Jacques Azam illustre tous les « Goûters Philo » et signe également des BD chez Milan.

CD *Existe aussi en CD*

Quelquefois, on se retrouve entre amis, à deux, à trois ou plus, pour regarder un film, faire un jeu, préparer un exposé ou simplement écouter de la musique. Ou bien on est là, ensemble, sans rien faire de spécial. Et il arrive que la conversation démarre, sur un sujet qui intéresse tout le monde.

MON CAHIER
GOÛTER PHILO

Sans s'en rendre compte, on se lance dans de grandes discussions sur les parents, les professeurs, les amis, sur l'amour, la guerre, la honte, l'injustice… On refait le monde ! Et le soir, quand on se retrouve seul, on y repense.

C'était vraiment bien de pouvoir parler de tout ça, même si parfois, on est furieux parce qu'on n'est pas du tout d'accord avec ce que les autres disent, ou parce qu'il y en a qui veulent tout le temps parler et n'écoutent rien.

UN VRAI GOÛTER PHILO

Mais alors ! Si c'était bien, pourquoi ne pas organiser des débats, des discussions, sur un sujet qu'on choisirait ensemble ? À la maison, chez des amis ou, pourquoi pas, à l'école ?

Alors voici quelques trucs pour réussir un vrai « goûter philo » :

🔴 Il vaut mieux ne pas être plus de 10 personnes.

🔴 Évidemment, il faut un bon goûter, à boire et à manger !

🔴 C'est bien d'être assis par terre... On peut s'installer comme on veut, on parle plus librement ! Et on peut mettre le goûter au milieu du cercle...

🔴 Quelqu'un est chargé de proposer plusieurs sujets. Sauf si tout le monde s'est déjà mis d'accord pour parler de quelque chose de précis.

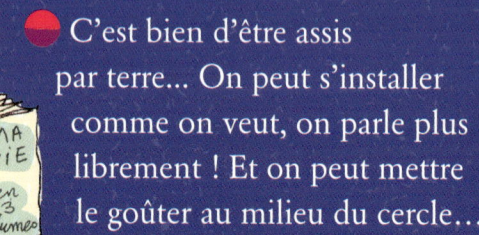

UN VRAI GOÛTER PHILO

🔴 Chacun réfléchit pour décider quel sujet il préfère, sans rien dire aux autres pour ne pas les influencer.

🔴 Quand tout le monde a choisi, on vote pour le sujet dont on a le plus envie de parler. Attention : un seul vote par personne.

🔴 Le sujet qui a le plus de voix gagne : c'est de cela qu'on va parler aujourd'hui.

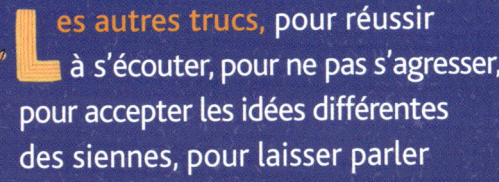

Ornicar ?

Les autres trucs, pour réussir à s'écouter, pour ne pas s'agresser, pour accepter les idées différentes des siennes, pour laisser parler tout le monde, ces autres trucs, vous les trouverez vite vous-mêmes !

SOUVENIRS

C'est parti ! Donnez-vous une heure. Mais après tout, vous pouvez aussi y passer la journée !

Les jus de fruits et les gâteaux sont là, le sujet aussi : aujourd'hui, vous avez choisi « La mémoire et l'oubli ». Si la discussion a du mal à démarrer – cela arrive quelquefois, on se regarde tous et personne ne sait quoi dire ! –, voici quelques pistes pour lancer le débat :

🔴 Page 25, Mattéo oublie d'acheter le pain. Est-ce que cela nous arrive de complètement oublier quelque chose qu'on nous a demandé de faire ? Peut-on expliquer pourquoi ?

🔴 Connaît-on des gens comme Héloïse, pages 30 et 31 ?

🔴 A-t-on, comme Iris de la page 36, des souvenirs gênants ? La méthode d'Iris, pages 37 et 38, pour éloigner ces souvenirs peut-elle nous aider ?

🔴 Page 42, on dit que la mémoire de Samy accueille Baudelaire et beaucoup d'autres. Et notre mémoire à nous, qui accueille-t-elle ?

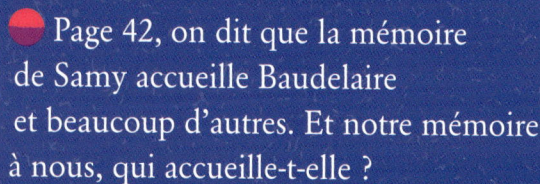

Pour s'aider, on peut naviguer comme cela dans le livre. Quelqu'un lit tout haut un passage, ou une des petites histoires. Cela fait penser à des histoires qui nous sont arrivées ou sont arrivées à d'autres, on les raconte et on essaie, ensemble, de comprendre ce qu'elles veulent dire.

● On peut aussi se poser des questions, et en poser aux autres. Et chercher ensemble des réponses… ou bien se rendre compte que, quelquefois, on ne trouve pas de réponse : derrière une question, il s'en cache une autre, et encore une autre, et encore une autre…

● En voici quelques-unes, en vrac… de quoi s'occuper des heures !

« *Que se passerait-il si on oubliait tout, tout d'un coup ?* » ; « *À quoi sert la mémoire ?* » ; « *Est-ce que ce serait bien de se souvenir de tout, d'absolument tout ?* » ; « *Nos souvenirs sont-ils toujours vrais ?* » ; « *Peut-on décider d'oublier ?* » ; « *Y a-t-il des méthodes pour se souvenir ?* » ; « *Que répondrait-on à la question : "Qui es-tu ?"* » …

À vous de jouer ! À vous de goûter !
À vous de philosopher !

MES IDÉES...

MES IDÉES...

...MES HISTOIRES